LOS BEBÉS DE LA SELVA

LOS ORANGUTANES INFANTES

por Genevieve Nilsen

TABLA DE CONTENIDO

tadpole en español

PALABRAS A SABER

alcanza

anda

come

orangután

se balancea

se cuelga

LOS ORANGUTANES INFANTES

¡Este es un orangután infante!

mamá

Se agarra a mamá.

Va montado.

Alcanza.

Se cuelga.

Come.

¡Se balancea!

¡Qué divertido!

¡REPASEMOS!

A los orangutanes bebés se les llama infantes, al igual que a los bebés humanos. ¿En qué se parecen y en qué son diferentes?

ÍNDICE